大展好書　好書大展
品嘗好書　冠群可期

武術健身叢書

8

張鴻俊　創編

國家體育總局武術運動管理中心　審定

龜鶴拳養生操

大展出版社有限公司

「武術健身方法」評審領導小組

組　長：王玉龍

副組長：楊戰旗　李小傑　郝懷木

成　員：樊　義　杜良智　陳惠良

「武術健身方法」評審委員會

主　任：康戈武

副主任：江百龍

委　員：虞定海　楊柏龍　郝懷木

「武術健身方法」創編者

《雙人太極球》　于　海

《九式太極操》　張旭光

《天罡拳十二式》　馬志富

《形意強身功》　林建華

《太極藤球功》　劉德榮

《五形動法》　王安平

《流星健身球》　謝志奎

《龜鶴拳養生操》　張鴻俊

序　言

為「全民健身與奧運同行」主題活動增光添彩

國家體育總局武術運動管理中心主任　王筱麟

　　當前，恰逢國家體育總局宣導在全國開展「全民健身與奧運同行」主題系列活動，喜迎 2008 年北京奧運會之機，《武術健身方法叢書》的面世具有特殊意義，可慶可賀。

　　這套叢書推出的龜鶴拳養生操、天罡拳十二式、太極藤球功、流星健身球、五形動法、九式太極操、雙人太極球、形意強身功八個武術健身方法，是國家體育總局武術運動管理中心依據國家體育總局體武字〔2002〕256 號《關於在全國徵集武術健身方法的通知》精神，成立了評審工作領導小組，同時聘請有關專家組成評審委員會，對廣泛徵集起來的申報材

料，按照所選方法必須具備科學性、健身性、群衆性及觀賞性的原則，認認眞眞地評選出來的。

這中間嚴格按照「堅持優選、寧缺勿濫」的要求，經歷了粗篩、初評、面向社會展示、徵求意見、修改、完善、終審等多個階段的審核。

現奉獻給社會的這八個武術健身方法，旣飽含著原創編者們的辛勞，也凝結有相關專家、學者及許多觀衆的智慧。可以說，是有關領導和衆多名人志士的心血澆灌培育起來的八朵鮮花。

2004年10月，這八個方法首次在鄭州第1屆國際傳統武術節上亮相，初展其姿就贏得了與會62個國家和地區代表們的一致喝彩，紛紛稱讚說觀賞其表演是一種藝術享受。一些代表還建議將這些健身方法推廣到全國乃至世界各地。2005年8月8日，這八個方法還被國家體育總局授予「全國優秀全民健身項目一等獎」。

國際奧會批准武術這個項目在2008年北京奧運會期間舉行比賽，這是武術進軍奧運歷程中的一座極其重要的里程碑，是值得全世界武林同仁熱烈慶賀的盛事。

最近，國家體育總局劉鵬局長在全國群眾體育工作會議上的講話指出：「廣泛組織開展『全民健身與奧運同行』主題活動，可以最大限度地激發人民群眾參加健身的熱情，並使這種熱情與迎接奧運的激情緊密結合，形成在籌備奧運過程中體育健兒緊張備戰、人民群眾積極熱身的良性互動局面。」對武術工作而言，我們在這一大好形勢下，一方面要紮紮實實做好國家武術代表隊的集訓工作，積極備戰，爭取「北京2008武術比賽」的優異成績，爲國爭光；另一方面要採取各種形式把全國億萬民眾吸引到武術健身的熱潮中，向世人展示作爲武術發源地的中國確實是武術泱泱大國的光輝形象。兩者相輔相成，相得益彰，共同爲武術走向世界、造福人類作貢獻。

我們隆重推出這八個武術健身方法，對於後者是可以大有裨益的。我們將配合出版發行相關書籍、音像製品等，舉辦教練員、裁判員、運動員培訓班，組織全國性乃至國際性的武術健身方法比賽等活動，努力爲「全民健身與奧運同行」主題系列活動增光添彩。

創編者簡介

張鴻駿　1953年生，天津人。中國武術八段，國際級裁判。自幼習武，1977—1981年在天津體育學院攻讀武術專業，獲體育教育學士學位。先後得到當代武林宗師趙道新、張恩桐、馬庸（馬金庸）、裘稚和眞傳。歷經數十年苦練，功底深厚，對形意拳、八卦拳、大成拳等中國傳統武術的優秀內家拳法造詣尤深，擅長技擊術、養生功。曾任中國武術國家散打集訓隊及其教練員培訓班教練。被國家體育總局武術運動管理中心外派到多國任教及擔任大賽的裁判工作。

著有《格鬥術》一書，由天津人民出版社出版發行。所創編的龜鶴拳養生操獲2006年世界傳統武術節武術比賽集體項目一等獎，並被評爲「全國優秀全民健身項目一等獎」。前國家體委副主任榮高棠曾爲創編者及其胞弟張鴻驃親筆題字「津門武林二張」。

目　錄

一、龜鶴拳養生操的創編依據

　　龜、鶴是長壽動物，在古代都是被崇拜的對象。龜是古代人崇拜的「四靈」（龍、鳳、麟、龜）之一。

　　龜的名稱不一，曰神龜、曰靈龜，以指計之，屈不勝數。龜壽五千歲為之神龜，壽萬年曰靈龜，所以古人云：若養生練氣，法靈龜。

　　鶴是吉祥之物，民間多以鶴為畫，用以裝飾、稱名，以喻長壽，如尊稱鶴壽。《淮南子・說林》曰：「鶴壽千歲，以極其遊。」唐代王建詩《閑說》曰：「桃花百葉不成春，鶴壽千年也未神。」

　　古人以龜鶴二對為爐或龜鶴爐旁，象徵吉祥，認為「凡建醮焚香於內，謂可以通仙靈，香氣可達上蒼」。龜鶴齊齡，一龜一鶴，為吉祥圖案，《抱朴子・論仙》載：「謂生必死，而龜鶴長壽焉。知龜鶴之遐壽，故效其導引以增年。」

　　龜鶴之所以長壽，是因為它們具備了老子和莊子所講的「谷神不死，綿綿若存，其息深深，用之不勤」及

「清靜無為，抱樸守一」的長壽法則。

創編者根據老子的古訓「練養為真」而效法龜鶴，創編了龜鶴拳養生操。

龜鶴拳養生操綜合了流傳至今的武術內家拳法的精髓和科學之處，如太極拳的柔軟，形意拳的意氣形合整，八卦掌的勢勢互生、互換、方寸之間的陰陽變化，六合八法拳的神意氣在體內的流暢運行及其表現在形體上的高度協調、由太極而回歸無極的兩脈至周身的穴穴氣滿達至相通，大成拳（意拳）的形神性命雙修，等等。

眾所周知，呼吸是人的生命之所在，而胎息又是呼吸之祖，根深固蒂之道。龜鶴拳養生操的胎息方法可提高人的呼吸質量，使習練者延年益壽。老子對於呼吸養生說過：「天地之間其猶橐籥乎？虛而不曲，動而欲出，多言數窮，不如守德以中。」亦即拳經所要求做到的「全身膨脹如渡海的氣囊，沒有一針罅漏，使其毛孔睜、毛髮豎、血氣沖，與天地間大氣交流，融為一體，如天人合一。即所謂元氣闔闢，由毛孔入，使之內實骨髓，外華肌膚，靈府神清，周身氣沖，百病全無。至此方證長生之果，遠離病老之鄉」。這就是龜鶴拳養生操所要達到的目的和效果。

先哲講：「吸生吐死。」人小的時候吸多吐少，中

年時吸吐平均，老年則吸少吐多。龜鶴拳養生操就是讓習練者吸天地之精氣，漸採漸練，到了老年也能夠吸多吐少，又能漸練漸結，丹田氣滿，延長壽命。

《黃帝內經》云：「正氣存內，邪不可干。」龜鶴拳養生操就是讓人們在不經意的舉手投足之間，鍛鍊肺部機能，提高吸氧能力。

久之，心臟就會強壯，心臟強壯，心腦血管系統就好，心腦血管系統好，其他部件也都會好，人體就進入了良性循環，經絡疏通，氣血運行，百病不侵，頤養天年就成為了現實。

龜鶴拳養生操是集形體、意念、神韻於一體的高級養生功法，內部體驗與外部形體表現達到了充分的結合和統一。精氣神的反應是意念，是內在的心理體驗，看不見摸不著，但它是一切動作之本，支配一切。如果沒有意念，一切動作都是僵死的，是沒有生命力的。

龜鶴拳養生操就是用優美而簡單的形體動作為導引，使習練者比較容易地學會看不見又摸不著的武術養生的內在精華。為什麼這麼說呢？因為龜鶴拳養生操用科學的形體動作讓習練者明白：

①做什麼？練龜鶴拳養生操。

②為什麼做？養生和技擊的內涵。

③怎麼做？各種動作的要點、內在的意念，一學就

會。

通過以上三個步驟的完成，也就達到了武術運動養生的高級境界：「思之心也。」所以說是「意」非「心」，即以神運氣、以氣合神、用意領氣、氣托架勢。

二、龜鶴拳養生操的主要特點

（一）自然而然地鍛鍊呼吸

龜鶴拳養生操的形體運動過程中，練習者不用去思考如何呼吸的問題，因為它的每一個動作會讓練習者自然而然地呼氣或吸氣，在很短的時間內使形體運動和呼吸的配合達到極致。它的呼氣動作能讓練習者不得不呼，吸氣動作不得不吸，這樣就能使練習者很容易地克服求氣則滯的弊病，順利地完成養生調息的三步功夫：初級，外氣變內氣，長吸短呼；中級，氣血川流不息；高級，腎氣升降。

（二）每節動作左右對稱

在日常生活中，人們一般常用右手活動，這樣鍛鍊的主要是左腦，而右腦得不到鍛鍊。龜鶴拳養生操每節動作分左、右式，左式動作與右式完全相同，在運動形

式上體現出左右對稱，這樣使右腦也得到了充分的鍛鍊，有利於深度開發大腦的潛力。

（三）形神、意、氣三位一體

神是意的外形，意念由神來表現，所以神、意為一家。拳經云：「神行則氣行，神住則氣住，若得長壽，神氣相注。」神氣相注由形體運動來體現。

龜鶴拳養生操每一組動作的創編都充分考慮到了神氣相注的問題，讓練習者在運動時自然而然地做到神、意、氣統一。神、意、氣統一不僅體現在它在體內的運行路線，而且體現在每一組動作的攻防涵義中。

（四）環環相扣、一氣呵成

龜鶴拳養生操的每一組動作自始至終都是環環相扣，如行雲流水，一氣呵成。符合拳經所云：「一波未平，一波又起，一勢將盡，一勢隨生。」

三、龜鶴拳養生操的鍛鍊價值

龜鶴拳養生操是講求性命雙修的健身方法。

在修身養性方面，龜鶴拳養生操的價值體現在四個方面：

一是可以改變修煉者的人生觀，鑄造自然超俗、守中執要、適性逍遙、慈忍和平、有中和之象的人格；

二是能變化人的氣質，改變不好的脾氣和習慣，形成豁達、開朗、中和的性格，保持樂觀的情緒和良好的心境；

三是可以開發人體的生命潛能，激發人腦的深層智慧；

四是可以改善人體機能，激發青春活力。

在生理方面，龜鶴拳養生操是一項有利於身心健康的體育活動。經常習練此拳，可以逐漸提高和改善人體各個系統的機能，促進新陳代謝，改善體弱或慢性病患者的體質，祛病延年。

經實踐和科學測試證明，龜鶴拳養生操對消化系統

和脊神經系統的功效最為顯著。因為龜鶴拳養生操的主
要運動法則是身若無骨，動如槐蟲，這樣的運動方式能
充分鍛鍊腰椎和頸椎，保持椎骨纖維環的彈性，為脊神
經充分供血供氧，擴張椎管，輔助治療腰椎、頸椎和椎
骨之間的增生、勞損等疾病，使肌體更加強壯。

　　對消化系統來講，龜鶴拳養生操柔軟和螺旋鼓蕩的
運動可以充分提高咀嚼、吞咽、消化、吸收、排毒的能
力，從而增強人體的免疫功能。

四、龜鶴拳養生操的習練要領

（一）頭要頂，頸要豎

在內家拳理論中，「頭為全身之主」。練拳時，頭要保持中正，意念引導頸部豎立起來，即百會穴上頂。動作儘管有起落旋轉，但頭部始終要有向上的頂勁，最忌俯仰歪斜或搖頭擺臀。這與內家拳所要求的「虛領頂勁」「頭頂懸」意同。《拳經心解》中就說：「精神能提得起，則無遲重之虞，所謂頭頂懸也。」

百會穴上頂時，既要避免頸部鬆弛無力，又要防止頸部緊張僵硬，要求做到頸部舒展、自然豎直。頭頸梗直、僵挺呆板，會阻礙頭部靈活轉動。與頭頂、頸豎相關的要求還有：神態自然，精神集中，不可皺眉怒目，咬牙切齒；口要自然合閉，牙要上下叩好，舌尖抵住上腭（初學者不用），以便生津利胃；呼吸時要用鼻，不要張口（初學者或運動量大時不用，可張口自然吸氣）；下頜注意微收，不可外凸。

（二）肩要沉，肘要墜

「沉肩」也稱為「鬆肩」或「垂肩」。練習中，要隨時注意肩關節鬆沉，肘關節鬆墜；掌根與肩窩有爭力（即二爭力），即掌指向前推，肩窩處微微向後收引。這樣不僅能使動作舒展，而且能使上肢的關節、肌肉產生一股爭衡力量，動作沉穩紮實。鬆肩和含胸（兩肩向兩側舒展）結合起來，用意念向下沉氣，可以幫助氣體的運行順利完成，使下肢更加穩固。

內家拳強調打拳出掌，臂部不能完全伸直，肘關節略彎曲下墜，即拳經所要求的「似屈非屈，似直非直」。

（三）腕要塌，掌要撐，拳要緊

上肢分三節：手為梢節，肘為中節，肩為根節。練習時，梢節運動有S形和弧形，但定式要求腕部向下塌，掌心向前下方，既有向前頂的力量，也有向下按的力量。五指分開，食指向上挑勁，中指有弧形滑挺（向上）之勁，拇指向外展，虎口呈半圓形，指梢微扣，有後掛勁。掌心內含，手的各部都要鬆而不懈、緊而不

僵。根據以上這些要求，堅持長期鍛鍊，會使指、腕的力量有明顯的增加。

拳要緊也是相對的，運行中做到鬆而不懈、緊而不僵，接觸著力點的一瞬間握緊，力量貫注到拳面上。

（四）背要拔，胸要含

「拔背」是指背部向兩側放遠拉長，腰部下塌（拳經及傳統叫法「塌」，實際應是「命門穴」向後爭），加之百會穴上懸頂，脊背、椎骨就會有上下爭力的感覺。

「含胸」又稱「舒胸」「展胸」，是指胸部舒鬆、向兩側外展，這樣可加大肺部的吸氧量。含胸最忌「裹肩」，即兩肩向裏合，胸向後縮，誤認為這是含胸。含胸拔背完全順乎人體的自然，不要僵滯去做。

（五）腰要塌，脊要正

習拳注重周身的完整和協調。拳經云：「起於腳，行於腿，主宰於腰。」沒有腰的主宰，整個動作就會失去重心，出拳邁腳必然漂浮無根。內家拳經講：「前俯後仰，左斜右歪，習拳之病也。」所以練習此拳時，命

門穴要後爭。

拳經云：「身如弩弓，拳如箭。」這恰恰表明命門穴後爭使腰部產生的形態和「弩」力。命門穴後爭決不是腰脊僵頂，而是用意引導，鬆展自然，富有彈力，成為整個運動的主宰。

脊要正是指練習時隨時用意念指引百會穴上頂，頸椎上拔，脊椎正直。不管動作高低、快慢、轉換、變化，都不能歪斜、搖擺。要想避免這些忌病，全取決於「頭頂脊正」。

但「脊正」也不能僵硬，脊椎要做到伸縮轉折（高級階段動如槐蟲），有利於「弩」力加大。

（六）臀要斂，肛要提

臀部要求有意識地向裏收斂，不可外凸翻臀，行進間稱為「提肛裏胯」，定式時稱為「穀道內提（穀道即肛門）」。「穀道內提」對練氣很重要，練拳到了高級階段即自動化階段，必須強調「穀道內提」。

提肛時，肛門的括約肌自然收縮上提，力度適中，好像忍住內解（排泄）的意思。收縮時間不可過長，要配合呼吸，一次收縮在1～2次呼吸之間最好，反覆可以多做，但一次的時間不能長。這樣既約束了臀部外凸，

又保證了上下丹田的中正（即拳經要求的「尾閭中正」），內家稱之為「氣沉丹田」。

丹田是臍下，意領氣至丹田時，穀道必須內提，這就達到了拳經所要求「提領穀道，氣貫四梢」，即周身氣滿，以毫末為宅。

（七）胯要鬆，膝要扣，足要穩

胯關節要放鬆，同時微向內收縮，即斂臀與「穀道內提」相結合，就可做到尾閭中正。下肢的膝關節要適度彎曲，有向內的扣勁，不扣則力向外散而造成下肢不沉實穩定。彎曲要適度，過直則僵滯，過曲則無力。

足要穩，即步要輕靈，落地要穩。足落地後要五趾抓地，足跟意念上提，這樣既能做到落勢穩健又能使動作勁力產生彈性，由內在反映到外形，即拳經中所要求的「靜則有勢，動則有威」。

（八）內三合，外三合

內三合是指心與意合，意與氣合，氣與力合；外三合是指肩與胯合，肘與膝合，手與足合。內外六合，整體上是指意識、動作高度結合，形神融化的高級階段，

內家所稱的三步功夫的「化」步功夫。

用現代科學理論來講，就是自動化階段，即內外形意合一，輕鬆自如，不為形式所拘的階段。

（九）六合八法

1.六　合

①體合於心
就是要求練習者的形體動作要能夠展示心內所想。

②心合於意
就是要求練習者的大腦思維活動落實到意念上。

③意合於氣
就是要求練習者排除雜念，意念集中，以意領氣，意到氣到，意氣合才能與形體動作合而為一。

④氣合於神
神行則氣行，神住則氣住，若得長壽，神氣相注。神氣相合，骨勁內斂也。

⑤神合於動
就是要求練習者以精神主宰每一個動作，神要以毫末為宅，使神氣充滿周身，這樣的形體動作才能展示出演練者的內在活動（俗語稱活器）。

⑥動合於空

動指形體運動和內在的神意氣的運行。空是內家拳的最高意界。拳經云：「空空洞洞最難求。」空洞中充滿真氣（氧氣），真氣生萬物，動在其中。

2. 八 法

①氣——行氣劍神

氣入身來謂之生，氣在人體內的具體存在形態有兩種——陰和陽，「陰陽者，氣之大者也」。龜鶴拳養生操的演練過程中，氣的狀態應做到「靜而與陰同德，動而與陽同波」，即運動的整個過程抑揚頓挫、激蕩平和，氣無時不在其中。

②骨——骨勁內斂

龜鶴拳養生操演練時要求做到骨勁內斂，內斂即含蓄，無含蓄則身易散亂，勁力不整。勁，意氣也。務使氣斂入骨，呼吸才能暢通，周身方可靈活。骨勁內斂，光華外宣，養氣堅志之道。

③行——化象模仿

拳術是人類模仿自然界中動植物的優美形象、生存技能、擅長特點創編而成的，因此招招有形，勢勢有象。在龜鶴拳養生操的演練過程中，要做到象其形而思其意。

象形取意，勢勢含招，久之可達到形同神似、神形合一、惟妙惟肖的境界。

④隨——順隨圓活

順隨，鬆也。龜鶴拳養生操的演練要求鬆而不懈、緊而不僵而達順遂，即「屈伸開合聽自然」。

拳勢隨心意轉換，一勢將盡，一勢隨生，勢勢相連，瞻顧呼應，圓活順隨。

⑤頂——頂懸虛空

頂懸又稱「虛領頂功」。「頂」意指頭頂的百會穴輕虛地往上領起，它貫穿於龜鶴拳養生操的整套演練中。頂跟尾閭脊骨有對拉拔長之意。由於尾閭負擔著上體的重量，並作為動作定向的舵手，因此，要強調百會頂懸、尾閭中正，才能避免動作僵直，而使演練者周身渾圓、精神抖擻、氣勢磅礴。

⑥還——往來反覆

龜鶴拳養生操要求練習者做到「形住坐臥皆練拳」，這就需要神氣行走的路線在體內縱橫交錯，四面八方往來反覆。

因為意念在龜鶴拳養生操的演練中始終占居主導地位，這樣就有了氣的呼吸鼓蕩和勁力在肢體運動中的纏繞往復，從而使身體內外、上下、左右、前後任意返復往來，如魚翔水中，神態自若。

⑦勒——定靜守虛

龜鶴拳養生操的演練要做到動作快慢緩急而無間斷呆滯，需要練習者虛無自在，即心無旁怠，定靜守虛。

勒，定也，又含有心法中的「敬」字之意。敬者，斂心集神，不動雜念，專一致志，如此則意念才不斷亂。心性勒定、氣息調和，才能夠精力充沛，貫注全身，演練自如。

⑧伏——隱現藏機

龜鶴拳養生操的演練要做到拳勢騰挪起伏，動作變幻莫測，全身關節肌肉鬆沉，氣貫全身，這就需要修煉「伏」字功夫，隱現藏機，即如熊之出洞，虎之離穴，貓之捕鼠，全神貫注，勁力內斂而待發，此時肌肉如弓弦，骨架如弓脊，運動如弦滿，發手即如箭，一面鼓一面蕩，周身無處不伏簧。

五、龜鶴拳養生操的基本手型、步型和步法

（一）手　型

1. 拳

捲屈握緊，拇指端節壓在食指和中指的第二節指骨上，微扣腕，腕關節的兩根肌腱（腕關節與尺橈骨相連的肌腱）微凸即可。拳的部位名稱：拳眼、拳心、拳面、拳背、拳輪。拳眼向上時，叫立拳；拳心向上時，

圖1

叫仰拳；拳背向上時，叫俯拳；拳面向上時，叫勾拳；拳面向下時，叫栽拳。（圖1）

2. 掌

掌的部位名稱包括：掌指、掌心、掌背、掌側、掌根、虎口。掌心向上稱仰掌，掌心向下稱俯掌；掌心向下，小指側在前揚起稱抹眉掌，拇指側在前揚起稱貫掌；掌心向前，掌指向上稱立掌，掌指向下稱掖掌；掌指向前，掌心向內稱側掌，掌心向外稱反掌。

①圓形掌（勾掛掌）

五指自然分開，拇指向外展，微扣端節，根節向外爭，虎口撐圓，食指前指，其餘三指微屈，中指挺勁內壓，掌心向內含。（圖2）

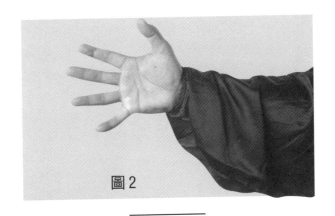

圖2

②抿指掌（虎口抿）

拇指根節合，使虎口併攏，其餘四指與圓形掌相同。（圖3）

圖3

③捏指掌（拇指與中指相捏）

拇指捏向中指，端節側面（內側面）與中指根節相對，近不相貼，其餘四指與圓形掌相同。（圖4）

圖4

（二）步　型

1. 直立八字步

兩腿直立，一腳外展45°，兩腳腳跟內側相貼。（圖5）

2. 八字後點步

雙腿前後站立，兩腳距離20～30公分後腿微屈，腳外展45°，腳跟抬起，兩腳腳跟內側在一條直線上。（圖6）

圖5　　　　　　　圖6

3. 小八字步

雙腿微屈前後站立，兩腳距離10～40公分前腳向前，後腳外展45°，兩腳腳跟內側在一條直線上，身體重心前四後六。（圖7）

若前腳腳跟抬起，稱小八字虛步。

圖7

4. 大八字步

兩腳前後距離40～80公分，步型要求與小八字步相同。（圖8）

若前腳腳跟抬起，稱大八字虛步。

圖8

5. 高馬步

　　兩腿分開稍寬於肩，微屈下蹲，雙腳微內扣，身體重心在兩腿中間。（圖9）

圖9

6. 雞形步

雙腿併攏，微屈下蹲，一腳前腳掌在另一腳足弓旁點地。（圖10）

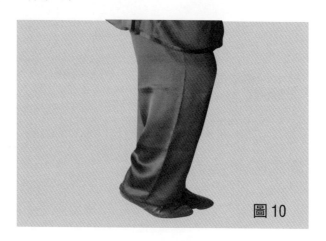

圖10

或兩腳平行相貼，腳掌超過另一腳腳面。（圖11）

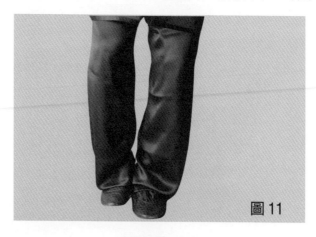

圖11

（三）步　法

1. 進　步

前腳前進半步或一步，後腳前進一步或半步，以及兩腳依次前進一步或半步，皆稱進步。

2. 退　步

後腳後退半步或一步，前腳後退一步或半步，以及兩腳依次後退一步或半步，皆稱退步。

3. 跟　步

前腳進步，後腳隨之跟進半步，落於前腳後側，不管與前腳的距離遠近，都稱跟步。

4. 撤　步

後腳後退一步，前腳隨之後撤半步，不管與後腳的距離遠近，都稱撤步。

5. 墊　步

移動前腳，距離遠近不限，為另一腳移動做好準

備。

6. 摩脛步

前腳邁出，後腳提收跟進，經前腳內側與踝關節凸起部位（脛骨頭）摩擦向前邁進。

7. 擺　步

一腳弧形進步，落地時腳尖外撇（擺）。

8. 扣　步

一腳弧形外擺成45°，另一腳回扣，雙腳尖成內八字相對。

9. 順　步

手腳同側進退，稱順步。

10. 拗　步

手腳異側進退，稱拗步。

11. 交叉步

兩腿交叉，前腿屈膝側弓，腳掌外展45°或平角，全腳掌外側著地，後腿微屈，腳尖向前，腳跟抬起，膝

蓋頂於前腿的膕窩處，上體稍前傾，向前腿側弓方向順擰。

12. 後縱步

前腳上步，後腳跟進到前腳內側或後側腳掌著地，雙腳同時蹬地後跳，然後兩腳同時落地。

13. 弧形步

兩腿略屈，兩腳向前側方行步，走弧形路線，每步大小稍寬於肩。

六、龜鶴拳養生操動作圖解

（一）動作名稱

起　勢	第三節	第五節
第一節	1. 行舟	1. 掬星
1. 展翅	2. 獻果	2. 搏球
2. 入林	第四節	第六節
第二節	1. 盤馬	1. 撥雲
1. 抖翎	2. 絞尾	2. 鬧海
2. 探爪		收　勢

（二）動作圖解

要　訣

腳跟著地鼻遼天①，兩手相懸在穴邊；
一氣引得從天降，吞時汩汩到丹田。

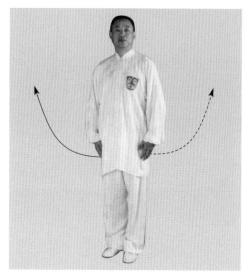

圖 12

起　勢

①身體起立，向右約35°；兩臂垂直於身體兩側，中指貼於褲線，面向前方，雙目前視；左腳向前，右腳外展45°，雙腳腳跟內側相貼。（圖12）

---

①古譜原文如此，「鼻遠天」，鼻，息也；遠，遙遠；天，上天。一呼一吸謂之息；呼接天根，吸接地根；意指天、地、人三才（又指三氣）合而為一。

圖 13

②雙腿微屈下蹲，兩臂向兩側抬起，腕部稍低於肩。（圖13）

圖14

③然後兩臂內合，掌心相對，距離25～30公分，掌高在胃、胸之間；左腳向左前方邁出25～30公分，腳跟抬起，前腳掌著地。（圖14）

【要領】

頭有頂懸之意，周身鬆緊適度，自然掤圓，舒適得力；注意雙膝外縱，襠部撐圓，命門後爭。

圖 15

第一節

1. 展　翅

①接上動。左腳上半步，右腳跟進，與左腳併攏，雙腿微屈；雙臂內旋前伸，掌心向外，然後，弧形後畫，兩臂展開接近平角。（圖15、圖16）

②兩掌向下弧形內收，到體前時上舉，掌心向後，近不貼面，腕高不過頭。（圖17、圖18）

圖 16

圖 17

圖 18

圖19

③兩掌內旋，弧形向身體兩側下壓，掌心向前，小指側腕部凹進，過肩後，兩掌向左右方遠伸，凹進部位凸起，兩臂向軀幹方向內收，腕部低不過胃，拇指側凹進；兩腳腳跟抬起，雙腿微屈。（圖19－圖21）

圖 20

圖 21

圖 22

④兩腳腳跟下踩，雙腿仍微屈；兩臂上彈，腕部凹處凸起，掌高不過頭。（圖22）

【要領】

畫圓要大，用指端領畫；兩掌內旋向兩側弧形下壓時，頭上頂，額部微前傾，使頸椎牽引開；下踩上彈時，意在腹部力在腕凸。

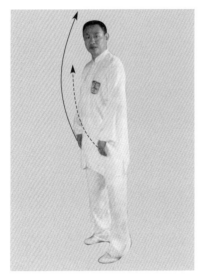

圖23

圖24

2. 入　林

①雙臂向下回收，近不貼身，掌心向後；同時，身體右轉，右腳後撤一步，腳尖外展45°，左腳以腳掌為軸順撐，兩腳距離寬不過肩；然後，兩臂經體前畫逆時針立圓舉起。（圖23、圖24）

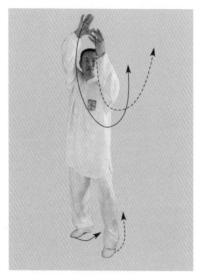

圖25

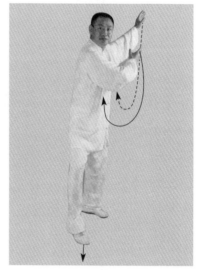

圖26

②身體左轉，左腳後撤一步，並外展45°，前腳掌著
地，腳後跟抬起，右腳跟回，兩腳相距約一腳長；兩臂
繼續畫立圓後擺，左臂遠伸，掌高過頭，掌心向下，右
臂半屈，近不貼身，掌心向上；目視右方。（圖25、圖
26）

圖 27

圖 28

③兩臂向右下方擺，相距稍窄於肩，掌心相對；右腳上一步，著地後收回半步，前腳掌著地，腳後跟抬起；雙臂高度不變，隨步收回，前臂端平，上臂近不貼身；目視前方。（圖27、圖28）

圖29　　　　　　　圖30

④右腳上半步，腳跟、腳尖依次著地，然後腳跟抬起；同時，雙臂前送，腕部稍低於肘，上臂與軀幹的內角成45°；目視前方；然後還原成起勢的左式架。（圖29、圖30）

【要領】

轉體以脊柱為縱軸，舉臂要實腹，兩臂後擺要自然得力，前擺下垂近不貼身；回收時，上臂與身體要有爭力，前送時，意念在指端和肘窩。

以上為右式，左式動作、要領與右式相同，唯左右、方向相反。（圖31—圖46）

圖 31

圖 32

圖 33

圖 34

圖 35

圖 36

圖 37

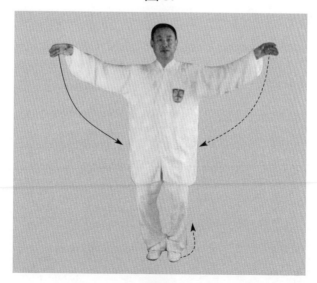

圖 38

圖 39

圖 40

圖 41

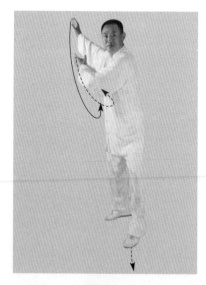

圖 42

圖 43

圖 44

圖 45

圖 46

圖 47

第二節

1. 抖翎

①接上動。左腳收回半步，前腳掌著地，腳後跟抬起；兩掌外旋，掌心向上，同時向左前、右後方弧形展開至身體兩側。（圖47）

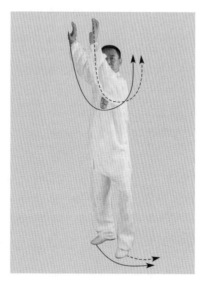

圖 48

②身體先右轉45°，再左轉90°，左腳上一步，並外展45°，右腳跟進至左腳旁，腳跟抬起；同時，兩臂舉起，掌心向前，然後，雙掌變拳，向左腳外展方向畫立圓上勾，拳心方向相反，與肩同寬，右拳稍高於頭，拳心與面部距離約20公分。（圖48、圖49）

③身體右轉45°；同時，右拳隨轉體畫平圓外旋，左拳順隨，兩拳拳心均向前，左拳拳面與右腕近不相貼。（圖50）

圖 49

圖 50

圖 51

④右腳上一步，身體微前傾；同時，兩拳變掌，經頭上順勢做弧形按掌，掌心向下，手指微扣，與肩同寬。（圖51）

【要領】

左右轉體時，以脊柱為縱軸；上勾拳與蹬地邁步同時完成；右臂平圓時前臂豎立與脊柱同轉；雙掌下按與邁步同時完成。

圖 52

圖 52 附圖

2. 探爪

　　①左腳腳尖外擺45°，身體左轉，右腳收回與左腳併攏；雙臂撐圓，兩掌虎口相對，隨身體左轉弧形平抹，然後在體前逆時針畫平圓一周，至體前左側，近不貼身。（圖52、圖52附圖）

圖53　　　　　　　　圖53附圖

②兩掌向右弧形平抹，至右前45°時外旋握拳，然後繼續順時針畫平圓一周。（圖53、圖53附圖）

③兩拳變掌內旋，掌心向下，虎口相對，向左弧形平抹；至左髂骨時，左掌外旋，掌心向上，弧形向左前上方45°領掛，掌指稍高於頭，右掌弧形順隨，指向左腕近不相貼；同時，左腳向左掌領掛方向跨出一步，右腳跟進至左腳旁，前腳掌著地，腳跟抬起。（圖54—圖56、圖54附圖）

圖 54

圖 54 附圖

圖 55

圖 56

圖57

④左掌弧形回收，指向太陽穴，近不相貼，右掌下插至兩腿之間，掌心向右，然後，身體右轉，右腳向右前方跨出一步，腳跟抬起，左腳腳尖內扣45°；同時，推出左掌（拗步），右掌由右腿內側移至外側，掌心向左45°，小指側稍貼於腿；雙目遠視；然後還原成起勢的左式架。（圖57—圖59、圖58附圖）

【要領】

向左平抹時，意在雙掌；向右平抹時，意在掌根；兩前臂在身體中線兩側各自畫圓時，意在前臂根部，雙肘經體前時與身體要有摩擦；左掌回收與轉身上步推掌要一氣呵成，力在轉體，意在脊柱。

圖 58　　　　　圖 58 附圖

圖 59

圖60

　　以上為右式，左式動作、要領與右式相同，唯左右、方向相反。（圖60－圖72、圖65附圖－圖67附圖、圖71附圖）

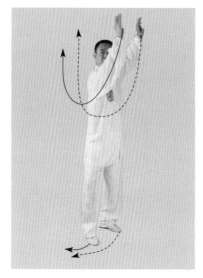

圖 61

圖 62

圖 63

圖 64

圖 65

圖 65 附圖

圖 66

圖 66 附圖

圖 67

圖 67 附圖

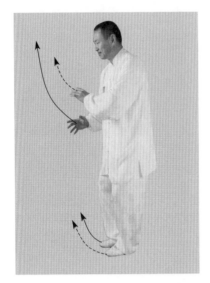

圖 68

圖 69

圖 70

圖 71 　　　　　　　　圖 71 附圖

圖 72

圖73

第三節

1. 行舟

①接上動。左腳回收半步，腳跟抬起；兩掌外旋，掌心向上，同時向左前、右後方弧形展開至身體兩側。（圖73）

圖74

圖75

②左腳向前上一步,並外展45°,右腳過左腳向前上一大步,腳跟抬起;兩掌內旋,掌心向下,向內畫弧至體前右側,相遇時右掌在上,掌指向前,左掌指向右手腕部。(圖74、圖75)

圖76

③右掌弧形向前抹掌，掌心向左，腕部背面凹進；
左掌順隨不變，小指側稍上揚。（圖76）

圖 77

④右腳向右前方踩進約15公分；同時，右臂向右做擠靠彈腕，不超過右腿外側10公分；左掌順補，掌心向右，近不相貼；擠靠後雙臂自然彈回。（圖77）

【要領】

雙掌在體前右側時，上臂近不貼身，與軀幹要有爭力；弧形前抹掌腕部凹進時，意在體內，先擠後凹，右臂要前伸；擠靠彈腕要沉肩墜肘，與右腳著地同時完成；回彈要順勢。

圖 78

圖 79

2. 獻果

①兩臂依次畫立圓一周，雙掌近不相貼。（圖78、
圖79）

圖 80

圖 80 附圖

②兩臂再依次順時針畫立圓一周。（圖80、圖80附圖）

圖 81

圖 81 附圖

　　③左腳過右腳向前進一步，右腳再過左腳向前進一步，腳跟抬起，前後相距約半腳長；兩掌依次弧形向上畫半圓回掛，至頭左側前上方，近不相貼，小指側凹進；目視前方。（圖81、圖82、圖81附圖）

圖82

圖83

④兩掌前擲，近不相貼，腕部的凹處凸起；同時，右腳向前邁出約20公分，腳跟抬起；兩掌擲後自然回彈；然後還原成起勢的左式架。（圖83－圖85）

圖 84

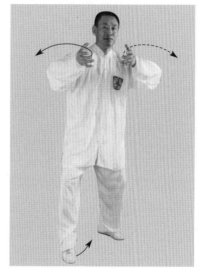

圖 85

【要領】

兩臂依次畫立圓時，命門兩側（雙腎）要動；上步回掛時，右掌擋掩、左掌掛、右掌再順補，與左右腳上步要協調和順；兩掌前擲要有弧形上升。

圖 86

　　以上為右式，左式動作、要領與右式相同，唯左右、方向相反。（圖 86—圖 98、圖 93 附圖、圖 94 附圖）

圖 87

圖 88

圖 89

圖 90

圖 91

圖 92

圖 93

圖 93 附圖

圖 94

圖 94 附圖

圖 95

圖 96

圖 97

圖 98

圖99　　　　　　　　圖100

第四節

1. 盤馬

①接上動。左腳回收半步，腳跟抬起；兩掌外旋，掌心向上，同時向左前、向後方弧形展開至身體兩側；然後，左腳向前上一步，並外展45°，身體左轉，右腳過左腳向前上一大步，腳跟抬起；同時，兩掌內旋，掌心向下，向內畫弧至身體中線，右掌指指向左側45°，左掌指指向右掌。（圖99、圖100）

圖 101

圖 102

　　②兩掌向左畫弧下插，然後雙臂向下在體前順時針畫立圓一周，右掌心指向左前方45°，左掌指向右掌，近不相貼，拇指側向下。（圖101、圖102）

圖 103

③右腳向前上約15公分，腳跟、腳尖依次著地，然後腳跟抬起；同時，雙臂按原路線返回，兩掌在左腿外側，掌指向下，掌心向右。（圖103）

圖 104

圖 105

④雙掌虎口相對，在體前畫立圓一周，隨即變拳，右拳拳面指向左側45°，左拳面與右拳眼近不相貼，畫立圓時，右腳腳跟著地，變拳時抬起。（圖104—圖106）

圖 106

【要領】

　　雙臂畫平圓時，雙膝要縱、襠要圓，雙掌在下要低於襠部；平圓返回後，兩掌向左要超過左腳趾端，平圓要在體前（以身體朝向為準）；畫立圓時，要用腰腹帶動雙臂。

圖 107

2. 絞尾

①左腳腳尖外擺45°，右腳收回，至左腳旁併攏；雙拳變掌，虎口相對，在體前逆時針畫平圓一周至左前方。（圖107、圖108、圖108附圖）

圖 108

圖 108 附圖

圖 109

圖 109 附圖

　　②左腳向左橫開一步，兩腳距離稍寬於肩；雙掌弧
形向頭右側上方舉起，左掌心向後，拇指稍過面部右
側；然後，兩掌螺旋向上，在頭上逆時針畫平圓一周，
直徑稍寬於肩，掌心向前。（圖 109—圖 111、圖 109 附
圖—圖 111 附圖）

圖 110

圖 110 附圖

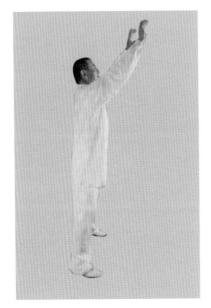

圖111

圖111附圖

圖 112

圖 112 附圖

③接著，兩掌再逆時針畫大平圓，身體後仰，出背弓；至四分之三時，雙肘下墜，雙掌稍低於頭，向左前方45°推掌拉臂，腕部背面凹進；同時，左腳隨雙掌推掌向左跨出一步，右腳跟進左腳旁，腳跟抬起，兩腳相距約半腳長。（圖 112—圖 114、圖 112 附圖—圖 114 附圖）

圖 113

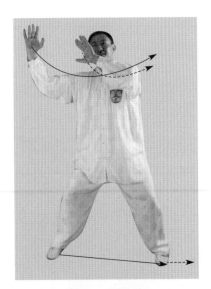

圖 113 附圖

圖 114

圖 114 附圖

圖 115

圖 115 附圖

④左腳腳尖內扣45°，身體右轉，右腳向右前方跨出一步，微左扣；右臂右橫掃，腕部向前，凹處凸起，左掌順隨，掌心向前，近不相貼；掃後雙臂自然回彈，還原成起勢的左式架。（圖115、圖116、圖115附圖）

圖116

【要領】

右腳回收到左腳旁要與兩掌畫平圓至臍前同步；雙臂弧形上舉接頭上小圓要有周身螺旋向上之形，大圓要出背弓。

圖117

　　以上為右式，左式動作、要領與右式相同，唯左右、方向相反。（圖117－圖134，圖118附圖、圖126附圖－圖133附圖）

圖 118

圖 119

圖 120

圖 121

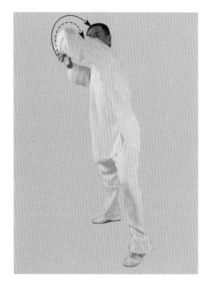

圖 122

圖 123

圖 124

圖 125

圖 126

圖 126 附圖

圖 127

圖 127 附圖

圖 128

圖 128 附圖

圖 129

圖 129 附圖

圖 130

圖 130 附圖

圖131

圖131附圖

圖 132

圖 132 附圖

圖 133

圖 133 附圖

圖 134

圖 135

第五節

1. 搯星

①接上動。左腳回收半步，腳跟抬起；兩掌外旋，掌心向上，同時向左前、右後方弧形展開至身體兩側。（圖135）

圖 136

圖 137

　　②左腳向前上一步，並外展45°，右腳隨上，超過左腳，腳跟抬起，身體左轉；兩掌內旋，掌心向下，右掌畫後弧經胸前向頭部左側攔掌，高不過頭，左掌畫前弧至右腕內側，近不相貼；不停，右掌向右擋掌，超過面部右側，左掌隨補；同時，右腳向右前45°方向邁進約10公分。（圖136、圖137）

圖138

　　③右掌內旋，掌心向下，弧形向頭前上方45° 揮掌，左掌畫前弧向左，先外旋後內旋下落至左胸前；然後，兩臂交叉內合，右上左下，在頭上向兩側絞臂展開；絞臂的同時，右腳回收約半步。（圖138—圖140）

圖 139

圖 140

圖 141

圖 142

④右腳向前上一步，左腳跟進半步，前腳掌撐地；右臂向頭前內掩，左臂右屈，拇指側在右前臂上方中部約15公分處，兩掌成托球勢。（圖141）

【要領】

右掌左攔右擋力在腕部，揮掌時臂要前伸，手指前按；絞臂使肩關節旋轉，意達肩周，兩臂內掩右屈有托球之意。

圖 143

圖 143 附圖

2. 搏球

①兩臂順時針擰轉，前後掌互換，托球勢加大，出背弓。（圖142、圖143、圖143附圖）

圖 144

圖 145

　②左腳後撤一步，並外展45°，右腳收回半步，腳跟抬起；兩臂托球稍下落，以球體橫向直徑為軸畫立圓前滾，兩掌在腹前左側抱球。（圖144）。

圖146

圖147

③右腳稍前移，腳跟、腳尖依次著地，然後腳跟抬起；同時，兩掌向前畫立圓，球體後滾，在體前抱球；然後，兩臂兩掌順勢回收，近不貼身，向上下「八」字推出，右掌在頭右上方，掌根稍高過頭，左掌在腹前左側，掌心向右前方45°。（圖145–圖147）

圖148

④右腳稍回收，雙臂收中抱圓，還原成起勢的左式架。（圖148）

【要領】

兩臂擰轉時，要以脊柱為縱軸擰腰送臂，加大幅度；前後畫立圓滾動時，圓在胸腹內，脊椎要拉開；「八」字推掌時，力在腕部，左臂腋下要空。

以上為右式，左式動作、要領與右式相同，唯左右、方向相反。（圖149—圖162、圖157附圖）

圖 149

圖 150

圖 151

圖 152

圖 153

圖 154

圖 155

圖 156

圖 157

圖 157 附圖

圖 158

圖 159

圖 160

圖 161

圖 162

圖 163

圖 164

第六節

1. 撥雲

①接上動。左腳回收半步，腳跟抬起，兩掌外旋，掌心向上，同時向左前、右後方弧形展開至身體兩側。（圖163）

圖 165

圖 166

　②左腳向前上一步，並外展45°，右腳隨上，超過左腳，腳跟抬起，身體左轉；兩掌內旋，掌心向下，右掌畫後弧經胸前向前頸部左側攔掌，左掌畫前弧至右腕內側，近不相貼；不停，右掌向右擋掌，至胸、頸之間，左掌隨補；同時，右腳向右前45°邁進約10公分。（圖164—圖166）

圖 167

圖 168

③左掌外旋，掌心向上，弧形左掛，指向身體左前方；右掌內旋，掌心向下，弧形內掩，指向前方。（圖167）

圖 169

圖 170

④動作與②相同，唯左右相反。（圖168—圖170）

【要領】

攔掌時，意在小指側掌根，擋、掛掌時，意在拇指掌骨處；翻掌時的內外旋就是左掛右掩的開始。

圖 171

圖 172

2. 鬧海

①動作與1「撥雲」③相同，唯左右相反。（圖 171）

②身體右轉，左腳收回至右腳旁，腳跟抬起；右掌內旋，收回到腰部翻掌，經左臂下向左前上方45°穿

圖 173

圖 174

出，左掌順勢向右畫弧，雙臂在頭前成十字交叉後絞臂
上舉；右掌向右、向上、向下畫弧至胸前，左掌向左、
向下畫弧至腹前，兩掌在體前抱球，與右腳方向相同，
右掌高不過肩，左掌低不過襠；目視前方。（圖172—
圖176）

圖 175

圖 176

圖 177

③左腳向左後方45°回撤一步，身體左轉，右腳腳尖內扣，成高馬步；同時，兩掌向頭上方弧形開掌，成屈臂上舉，左掌超過左腳，小指側向前。（圖177）

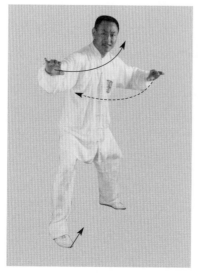 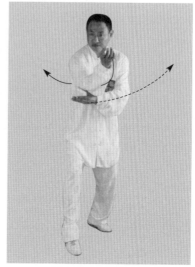

圖 178　　　　　　　圖 179

　　④右腳回收半步，腳跟抬起；右臂外旋內掩，掌心向上，左掌插向右肘後部，掌心向上，然後右肘弧形向右後撤，左掌向左弧形掛掌；不停，左掌回收到腰部後內旋變拳前刺，右掌內旋，弧形內掩至左前臂旁；同時，右腳邁出半步，腳跟、腳尖依次著地，然後腳跟抬起。（圖178—圖183）

【要領】

　　開掌時，左掌拇指根要後掛，右掌腕部要有劈力；左掌平掛（即摘意）、掛領刺拳與內掩上步要一氣呵成。

圖 180

圖 181

圖 182

圖 183

圖 184

圖 185

以上為右式，左式動作、要領與右式相同，唯左右、方向相反。（圖184—圖203）

圖 186

圖 187

圖 188

圖 189

圖 190

圖 191

圖 192

圖 193

圖 194

圖 195

圖 196

圖 197

圖 198

圖 199

圖 200

圖 201

圖 202

圖 203

圖204

圖205

收 勢

右拳變掌，左掌疊壓在右掌上，身體微前傾，左腳踩實；然後，左腳收回至右腳前，雙掌收回至臍前，並自然下按，雙膝直立，中指貼於褲線，目視前方。（圖204—圖206）

圖 206

【要領】

下按時，百會穴上領，直立後雙目上翻，舌抵上腭，虛心實腹。

注：如果繼續演練，透過回身勢來連接。

圖 A

回身勢

①當第六節最後一個動作完成後，左腳收回半步，腳跟抬起；兩掌掌心向上，同時右前、左後弧形展開至身體兩側。（圖A、圖B）

②當兩臂展開後，以右腳為軸，左腳向右前方橫跨一步，腳掌內扣，同時身體向後轉180°，重心移於左腳，右腳前腳掌著地，腳跟抬起。（圖C）

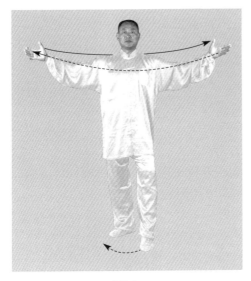

圖 B

圖 C

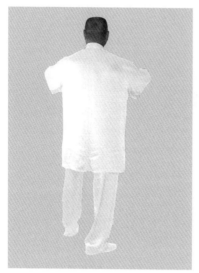

圖D

圖D附圖

③右腳後撤一步，腳尖外展45°，左腳撤回半步，腳跟抬起；同時，兩臂弧形向胸前回收，還原成起勢的右式架，下接第一節動作。（圖D、圖D附圖）

【要領】

左腳向右前方跨步的同時轉身，腳跟先著地，腳掌順勢內扣；以右腳為軸轉身後，右腿膝關節微前縱；轉身後，要充分展臂吸氣，然後再雙臂回收撤右步。

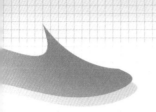

歡迎至本公司購買書籍

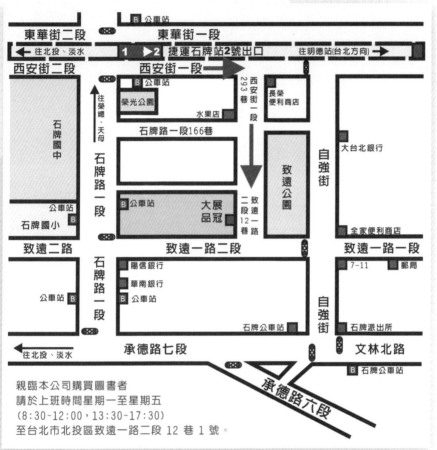

親臨本公司購買圖書者
請於上班時間星期一至星期五
(8:30~12:00,13:30~17:30)
至台北市北投區致遠一路二段 12 巷 1 號。

建議路線

1. 搭乘捷運・公車

　　淡水線石牌站下車,由石牌捷運站2號出口出站(出站後靠右邊),沿著捷運高架往台北方向走(往明德站方向),其街名為西安街,約走100公尺(勿超過紅綠燈),由西安街一段293巷進來(巷口有一公車站牌,站名為自強街口),本公司位於致遠公園對面。搭公車者請於石牌站(石牌派出所)下車,走進自強街,遇致遠路口左轉,右手邊第一條巷子即為本社位置。

2. 自行開車或騎車

　　由承德路接石牌路,看到陽信銀行右轉,此條即為致遠一路二段,在遇到自強街(紅綠燈)前的巷子(致遠公園)左轉,即可看到本公司招牌。

國家圖書館出版品預行編目資料

龜鶴拳養生操／張鴻駿　創編　國家體育總局武術運動管理中心　審定
——初版，——臺北市，大展，2013〔民102.11〕
面；21公分 ——（武術健身叢書；8）
ISBN　978－957－468－985－9（平裝）
1.拳術　2.養生
528.972　　　　　　　　　　　　　　　　　　　102018359

龜鶴拳養生操

創 編 者／張 鴻 駿
審　　定／國家體育總局武術運動管理中心
責任編輯／謝 建 平
發 行 人／蔡 森 明
出 版 者／大展出版社有限公司
社　　址／台北市北投區（石牌）致遠一路2段12巷1號
電　　話／（02）28236031 · 28236033 · 28233123
傳　　眞／（02）28272069
郵政劃撥／01669551
網　 址／www.dah-jaan.com.tw
E－mail／service@dah-jaan.com.tw
登 記 證／局版臺業字第2171號
承 印 者／傳興印刷有限公司
裝　　訂／承安裝訂有限公司
排 版 者／弘益電腦排版有限公司
授 權 者／北京人民體育出版社
初版1刷／2013年（民102年）11月

定　價／200元

大展好書　好書大展

品嘗好書　冠群可期